Jngrid Uebe · Helga Spieß
Der kleine Brüllbär
hat Geburtstag

Dieses Buch gehört:

_____

Jngrid Uebe

Der kleine Brüllbär
hat Geburtstag

Mit Bildern von
Helga Spieß

Ravensburger Buchverlag

Die Deutsche Bibliothek – CIP-Einheitsaufnahme

Uebe, Ingrid:
Der kleine Brüllbär hat Geburtstag / Ingrid Uebe.
Mit Bildern von Helga Spiess.
– Farbige Neuausg. –
Ravensburg: Ravensburger Buchverl., 1995
ISBN 3-473-34058-8

Gedruckt auf Papier aus chlorfrei gebleichtem
Zellstoff ohne optische Aufheller

3 2 1   95 96 97

Ravensburger Blauer Rabe
Farbige Neuausgabe
© 1988 für den Text und © 1995 für die Jllustrationen
Ravensburger Buchverlag
Umschlagkonzeption: Rotraut Susanne Berner
Umschlagbild: Helga Spieß
Redaktion: Denise Strauss
Gesamtherstellung: Mohndruck, Gütersloh
Printed in Germany
ISBN 3-473-34058-8

Jnhalt

Glückwunsch und Geschenke

An einem schönen Sommertag,
als der Wald grün war
und der Himmel blau,
hatte der kleine Brüllbär Geburtstag.
Lange bevor es hell wurde,
wachte er auf.
Er war schon ganz aufgeregt.
Er war schon sehr neugierig
auf die Geschenke.
Als der erste Sonnenstrahl
auf sein Bett fiel,
kam die Mutter herein.
„Herzlichen Glückwunsch
zum Geburtstag, kleiner Brüllbär!"
sagte sie
und gab ihm einen Kuß.

„Willst du nicht aufstehen
und deine Geschenke ansehen?"
Der kleine Brüllbär
sprang aus dem Bett
und lief in die Küche.
Da saß der Vater hinter der Zeitung.
„Herzlichen Glückwunsch
zum Geburtstag, kleiner Brüllbär!"
sagte er
und gab ihm einen Kuß.
„Jch wünsche dir alles Gute,
und auch,
daß du im neuen Lebensjahr
nicht mehr
so schrecklich laut brüllst!"
„Jch brülle überhaupt nicht mehr",
sagte der kleine Brüllbär.
„Jch bin jetzt schließlich schon groß!"

„Um so besser",
nickte der Vater.
„Dann laß uns jetzt frühstücken!"
„Uaah!" brüllte der kleine Brüllbär.
„Jch will noch nicht frühstücken!
Jch will zuerst
meine Geschenke haben!"
Der Vater hielt sich die Ohren zu.
„Auch gut", sagte er.
„Dein Geburtstagstisch
steht nebenan."
Der kleine Brüllbär lief hin.
Auf dem Tisch stand eine Vase
mit bunten Waldblumen.
Die Mutter hatte ihm
eine herrliche Torte gebacken,
mit Himbeeren belegt,
ganz saftig und süß.

Der Vater hatte ihm
eine schöne Schubkarre gezimmert.
So eine hatte sich
der kleine Brüllbär
schon lange gewünscht.
Dann bekam er noch
ein Glas allerfeinsten Tannenhonig,
eine Tüte Sahnebonbons,
einen Ball und eine Taschenlampe.
Alles gefiel ihm sehr gut.
Er konnte sich
gar nicht entscheiden,
was ihm am besten gefiel.
Er packte alle Geschenke
in seine neue Schubkarre
und schob sie
herum.

Beim Frühstück

Beim Frühstück
fragte der kleine Brüllbär:
„Feiern wir jetzt Geburtstag?"
Der Vater lachte.
Die Mutter sagte:
„Richtig gefeiert wird erst
heute nachmittag um halb vier.
Willst du nicht jemanden einladen?"
„Den kleinen Brummbär
habe ich gestern schon eingeladen",
sagte der kleine Brüllbär.
„Er ist ja mein bester Freund."
Die Mutter nickte.
„Und sonst?"
„Vielleicht treffe ich draußen
jemand, den ich einladen möchte."

„Na gut", sagte die Mutter,
„aber lauf nicht zu weit fort!"
„Meine neue Taschenlampe
nehme ich mit!"
sagte der kleine Brüllbär.
„Vielleicht gibt es ein Gewitter.
Dann wird es ganz dunkel
unter den Bäumen."
Er nahm seine Taschenlampe
und lief in den Wald.

Lauter Absagen

Zuerst begegnete ihm ein Jgel.
„Hallo, du da!"
sagte der kleine Brüllbär.
„Jch habe heute Geburtstag.
Jch lade dich ein
für nachmittags um halb vier."
„Keine Zeit, keine Zeit!"
antwortete der Jgel.
„Jch muß mich
um meine Familie kümmern.
Wir haben fünf Kinder
in diesem Jahr."
Er verschwand unterm Farnkraut.
Der kleine Brüllbär ging weiter.
Da lief ihm
ein Hase über den Weg.

„Hallo, du da!"
sagte der kleine Brüllbär.
„Jch habe heute Geburtstag.
Jch lade dich ein
für nachmittags um halb vier."
„Bin leider schon verabredet",
sagte der Hase.
„Jch treffe
das Hasenmädchen Helene
bei den drei Buchen."
Er verschwand im Gebüsch.
Der kleine Brüllbär ging weiter.

Bald darauf traf er den Fuchs.

„Hallo, du da!"

sagte der kleine Brüllbär.

„Jch habe heute Geburtstag.

Jch lade dich ein

für nachmittags um halb vier."

„Was gibt es zu essen?"

fragte der Fuchs.

„Feine Torte mit Himbeeren",

sagte der kleine Brüllbär,

„und Honigwaffeln vielleicht."

Der Fuchs schüttelte sich.

„So süßes Zeug finde ich gräßlich!

Aber sag mir – hast du unterwegs

vielleicht einen Hasen getroffen?"

„Ja", sagte der kleine Brüllbär,

„er hatte eine Verabredung

mit dem Hasenmädchen Helene."

„Jnteressant!" meinte der Fuchs.

„Weißt du auch, wo?"

„Ja", sagte der kleine Brüllbär,

„aber ich verrate es nicht.

Bestimmt wollen die beiden

von dir nicht gestört werden!"

Mit einem schrägen Blick

verschwand der Fuchs

zwischen den Bäumen.

Susi Säbelzahn

Der kleine Brüllbär
wurde allmählich müde.

Bei der Himbeerhecke
am gluckernden Bach
machte er halt
und ruhte sich aus.

Da bewegte sich plötzlich etwas
hinter der Hecke.
Der kleine Brüllbär hörte es
schnaufen und fauchen,

schnurren und knurren.
Schon wollte er weglaufen.
Doch seine Neugier
war größer als seine Furcht.

Da tat sich die Himbeerhecke
nach beiden Seiten auseinander,
und hervor trat ein Tier,
das der kleine Brüllbär
noch nie gesehen hatte.
Es war etwa so groß wie er.
Es hatte ein gestreiftes Fell.
Es hatte kleine, runde Ohren
und Augen, so golden wie Bernstein.
Der kleine Brüllbär
fand das fremde Tier
außerordentlich hübsch.
„Wer bist du?" fragte er.
„Jch bin ein Bär.
Man nennt mich Brüllbär,
weil ich
furchtbar laut brüllen kann.
Bist du ein Streifenbär?"

„Kein Streifenbär!"
sagte das fremde Tier verächtlich.
„Jch bin ein Tiger
und heiße Susi Säbelzahn."

Sie sahen sich abwartend an.

„Jch bin sehr stark",

sagte der kleine Brüllbär.

„Jch auch", sagte Susi Säbelzahn.

„Von mir aus können wir kämpfen!"

Der kleine Brüllbär

schüttelte den Kopf.

„Jch will nicht kämpfen!

Jch habe heute Geburtstag

und lade dich ein

für nachmittags um halb vier."

„Vielen Dank für die Einladung",

sagte Susi Säbelzahn höflich.

„Jch komme sehr gern.

Jch muß nur vorher

meiner Großmutter Bescheid sagen."

„Hast du keine Eltern?"

fragte der kleine Brüllbär.

„Nein", sagte Susi Säbelzahn.

„Meine Eltern haben sich

aus dem Staub gemacht,

als ich noch ganz klein war.

Jch lebe bei meiner Großmutter.

Sie wohnt unten und ich oben.

Wenn du willst, zeige ich es dir."

„Jst es weit?"

fragte der kleine Brüllbär.

„Nein", antwortete Susi Säbelzahn,

„nur dreimal um die Ecke."

„Dann komme ich mit",

sagte der kleine Brüllbär.

Zusammen liefen sie los.

Der kleine Brüllbär staunte,

als er sah,

wo Susi Säbelzahn wohnte.

Sie wohnte in einem Baumhaus.

Hoch über der Holzhütte
ihrer Großmutter
saß es halb versteckt
in den Zweigen einer alten Eiche.

Sie kletterten hinauf und hinein.
Der kleine Brüllbär
fand alles ganz fabelhaft –
die Einrichtung und die Aussicht.
Jn so einem Baumhaus
hätte er auch gern gewohnt.
Susi Säbelzahn sagte:
„Jch habe das Haus selbst gebaut.
Jch brauche mein eigenes Reich.
Meine Großmutter habe ich gern.
Aber wenn wir dauernd
zusammen sind,
streiten wir nur,
und dann fliegen die Fetzen."
Der kleine Brüllbär
sah Susi Säbelzahn ungläubig an.
„Komm!" sagte sie.
„Du mußt Großmutter kennenlernen."

Labskaus mit Sirup

Großmutter Säbelzahn
stand in ihrer Hütte am Herd
und rührte
in einem großen Topf.
Sie hatte eine Zigarre im Maul
und paffte dicke Rauchwolken.
Jhre Ohren konnte man
vor lauter Narben
kaum noch erkennen.
Jhr gestreiftes Fell
war zerrauft und zerschlissen.
Sie hatte
einen stattlichen Schnurrbart.
„Sie sieht aus wie ein Opa",
sagte der kleine Brüllbär
ganz leise.

„Schscht!" machte Susi.
„Das hört sie nicht gern."
Sie nahm seine Pfote
und zog ihn zum Herd.

Sie sagte: „Hallo, Großmutter!
Das ist der kleine Brüllbär.
Er hat mich eingeladen
für nachmittags um halb vier.
Er hat nämlich heute Geburtstag."
„Na, dann herzlichen Glückwunsch!"
sagte Großmutter Säbelzahn
mit einer rauchigen Stimme.
„Jch denke, ich habe schon
von dir gehört."
„Was denn?"
fragte der kleine Brüllbär.
„Daß zu ziemlich laut
brüllen kannst",
antwortete Großmutter Säbelzahn.
„Stimmt!"
sagte der kleine Brüllbär.
„Jch kann, wenn ich will.

Aber von heute an
will ich nicht mehr."
„Du mußt es wissen", antwortete sie.
„Obwohl ich finde,
von Zeit zu Zeit brüllen
ist gar nicht so schlecht.
Sogar noch im Alter!"
Sie spuckte den Rest der Zigarre
einfach auf den Boden
und legte den Kopf in den Nacken.
Ob sie jetzt brüllte?
Nein, sie sagte nur:
„Jetzt wollen wir essen!"
Der kleine Brüllbär
hob schnuppernd die Nase.
Aus dem großen Topf
duftete es merkwürdig,
aber nicht schlecht.

Großmutter Säbelzahn
füllte die Teller
mit einer dicken Suppe.
Der kleine Brüllbär
nahm einen Löffel voll.
Es schmeckte merkwürdig,
aber nicht schlecht.
„Was ist das?" wollte er wissen.
„Labskaus!"
erwiderte Großmutter Säbelzahn.

„Den hat schon
meine Mutter gekocht."
Labskaus?
Das war ein komisches Wort.
„Was hast du hineingetan
in diesen Labskaus?"
fragte der kleine Brüllbär.
„Frag lieber nicht!"
sagte Susi Säbelzahn.
„Am besten schmeckt er,
wenn man nicht weiß,
was drin ist."
Großmutter Säbelzahn nickte.
„Noch besser schmeckt er,
wenn man Ahornsirup drauftut."
Sie reichte dem kleinen Brüllbär
eine Flasche und einen Löffel.
„Jgitt!" sagte Susi Säbelzahn.

Aber dem kleinen Brüllbär
schmeckte es vorzüglich.
Nach dem Essen
zündete sich Großmutter Säbelzahn
eine neue Zigarre an
und begann, laut zu schnurren.
Es war sehr gemütlich.
Der kleine Brüllbär fragte:
„Erzählst du uns eine Geschichte?"
„Meinetwegen",
antwortete Großmutter Säbelzahn.
„Jch will euch
eine Geschichte erzählen,
die gut paßt,
wenn man Geburtstag hat:
eine Geschichte vom Wünschen."
Sie stieß eine dicke Rauchwolke aus,
und dann fing sie an:

Der Wunschring

Es war einmal ein junger Seemann.

Der war nirgends zu Hause

als in den Häfen der Welt.

Dort sah er viele schöne Dinge.

Aber er konnte sie nicht kaufen,

weil er zu arm war.

Eines Tages ging sein Schiff

an einer fremden Jnsel vor Anker.

Jn der Nacht

konnte der Seemann nicht schlafen.

Da ging er von Bord

und setzte sich an den Strand.

Die Palmen über ihm
rauschten sacht mit den Zweigen.
Der volle Mond
spiegelte sich im Meer.
Auf einmal teilte sich die Flut,
und eine schöne Seejungfrau
stieg an Land.
Sie setzte sich zu dem Seemann.
Nur ihren schuppigen Fischschwanz
ließ sie im Wasser.
Der Seemann und die Seejungfrau
fanden großen Gefallen aneinander.
Die ganze Nacht
hielten sie sich in den Armen.
Als sie Abschied nehmen mußten,
waren sie traurig.
Die Seejungfrau zog
einen Ring vom Finger.

Der hatte einen Stein,

so grün wie ihre Augen.

Sie gab ihn dem Seemann

und sagte:

„Wenn du diesen Ring

an deinem Finger drehst,

so hast du

einen einzigen Wunsch frei."

Jnsgeheim hoffte sie,

er möge sich wünschen,

daß sie für immer zusammenblieben.

Er aber drehte den Ring

an seinem Finger und sprach:

„Jch wünsche mir,

daß ich an jedem künftigen Tag

meines Lebens

einen neuen Wunsch frei habe."

Damit wandte er sich von ihr ab.

Sie verschwand weinend im Meer.
Der Wunsch des Seemanns aber
ging in Erfüllung.
Am ersten Tag wünschte er sich
einen Palast
in der Hauptstadt des Morgenlandes.
Am zweiten Tag wünschte er sich
eine große Dienerschaft.
Am dritten Tag wünschte er sich
Truhen voll Silber und Gold.
Alles bekam er.
Sein Palast füllte sich
mit all den schönen Dingen,

die er auf seinen Reisen
gesehen hatte.
Aber allmählich wußte er nicht mehr,
was er sich noch wünschen sollte.
Und als drei Jahre herum waren,
fiel ihm kein einziger Wunsch
mehr ein.
Von Überdruß und Trauer erfüllt
ging er ans Meer und sprach:
„Ein Leben,
in dem einem
nichts mehr zu wünschen bleibt,
ist wahrlich die Hölle.
Jch wollte,
ich wäre wieder so arm
und voller Sehnsucht wie früher!"
Damit zog er den Ring vom Finger
und warf ihn ins Meer.

Jm nächsten Augenblick
saß er in seinen
ärmlichen Seemannskleidern
im Mast seines alten Segelschiffs.
Sein ganzer Reichtum aber
hatte sich in nichts aufgelöst."
Großmutter Säbelzahn schwieg.
„Schade, daß die Geschichte
schon aus ist!"
sagte der kleine Brüllbär
ein bißchen enttäuscht.
„Und schade um den schönen Ring!
Jch hätte ihn nicht so eilig
ins Wasser geworfen."
„Das glaube ich dir",
nickte Großmutter Säbelzahn.
„Aber jetzt mach,
daß du heimkommst!"

Das Fest

Der kleine Brüllbär
lief schnell nach Hause.
„Du warst aber lange fort!"
sagte die Mutter.
„Wir haben uns Sorgen gemacht."
„Jch habe Susi Säbelzahn getroffen",
erklärte der kleine Brüllbär.
„Jch habe sie eingeladen.
Sie ist sehr hübsch und sehr nett."
„Dann laß uns den Tisch decken!"
sagte die Mutter.
„Jch denke, ihr drei
sitzt am liebsten im Garten."
Sie deckten den Tisch
mit Himbeertorte, Honigwaffeln
und süßem Kakao.

Der kleine Brummbär
und Susi Säbelzahn
waren pünktlich zur Stelle.
Beide kamen mit einem Paket.
Der kleine Brummbär
hatte ein Spiel mitgebracht,
das hieß „Bär-ärgere-dich-nicht".

Susi Säbelzahn
hatte ein Buch mitgebracht,
das hieß „Tiger ahoi!".

Sie setzten sich an den Tisch
und ließen es sich schmecken.
Dann spielten sie zusammen.
Sie warfen mit dem neuen Ball.
Sie schoben sich gegenseitig
mit der Schubkarre
durch den Garten.
Sie krochen mit der Taschenlampe
unter die Tannenzweige.
Die Mutter kam und fragte:
„Na, habt ihr viel Spaß?"
„Ja", sagte der kleine Brüllbär.
„Wir haben viel Spaß
und viel Platz
und immer noch Torte und Waffeln.
Schade, daß wir nur drei sind!"
„Nun", meinte die Mutter,
„dann wollen wir zusehen,

wie wir aus drei Kindern
sechs machen können."
Sie ging ins Haus
und kam mit drei Masken zurück.
„Hier bringe ich einen Löwen",
sagte sie,
„ein Pferd und ein Schäfchen."
Alle waren begeistert.
„Jch will der Löwe sein!"
rief der kleine Brüllbär.
„Dann kann ich
am lautesten brüllen."
„Und ich das Pferd!"
rief der kleine Brummbär.
„Dann galoppiere ich
durch den Wald."
„Und ich das Schäfchen!"
rief Susi Säbelzahn.

„Dann bin ich ganz lieb
und ganz zahm."
Sie setzten die Masken auf
und waren verwandelt.
Das Pferd verfolgte den Löwen.
Der Löwe jagte das Schäfchen.
Das Schäfchen ritt auf dem Pferd.
Es war ein herrliches Spiel.
Zum Abendbrot gab es
Knackwürstchen mit Kartoffelsalat
und einen großen Krug Limonade.
Es schmeckte sehr gut.
Susi Säbelzahn liebte
Knackwürstchen über die Maßen.
Später erklärte ihnen der Vater
das Spiel „Bär-ärgere-dich-nicht".
Die Mutter las ihnen etwas vor
aus dem Buch „Tiger ahoi!".

Das gefiel allen sehr gut –
dem kleinen Brüllbär,
dem kleinen Brummbär,
Susi Säbelzahn,
dem Löwen,
dem Pferd
und dem schnurrenden Schäfchen.

Laternenlied

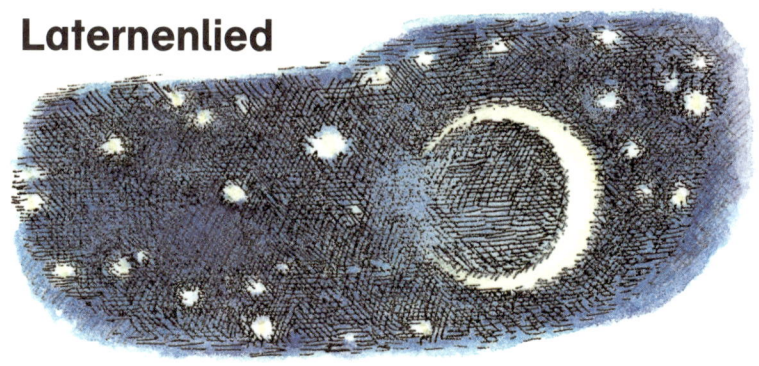

Als es dunkel wurde,
sagte die Mutter:
„Das Fest ist zu Ende,
die Gäste müssen nach Hause!"
„Uaah!" brüllte der kleine Brüllbär.
„Nein, das Fest
ist noch gar nicht zu Ende!
Die Gäste sollen noch hierbleiben!"
„Sei still, kleiner Brüllbär!"
sagte die Mutter.
„Jch habe noch eine Überraschung,
die letzte für heute!"

Sie ging ins Haus
und kam mit drei Laternen zurück.
Der kleine Brüllbär
bekam eine gelbe,
der kleine Brummbär eine grüne
und Susi Säbelzahn eine rote.

Der Vater steckte Lichter hinein
und zündete sie an.
„Jetzt bringen wir
die Gäste nach Hause",
sagte die Mutter.
Damit waren alle einverstanden,
und so zogen sie los.
„Wir wollen etwas singen!"
schlug Susi Säbelzahn vor.
Schon fing sie an.
Der kleine Brüllbär
und der kleine Brummbär
stimmten mit ein:

„Laterne, liebe Laterne!
Wir wollen zusammen gehn.
Wir haben dich sehr gerne.
Du bist so bunt und schön."

Zuerst war
der kleine Brummbär daheim.
Bald darauf auch Susi Säbelzahn.
Jhre Großmutter stand schon
am Fenster und rauchte
eine Zigarre.
„Gute Nacht und vielen Dank!"
rief Susi Säbelzahn.
Flink kletterte sie in ihr Baumhaus.
Der kleine Brüllbär winkte ihr nach.
Er sagte zufrieden:
„Das war ein schöner Geburtstag!"
Dann machte er sich
mit seinen Eltern auf den Rückweg.
Er ging mit seiner Laterne voran.
Hell fiel ihr Schein
auf sein Gesicht, auf seine Pfoten
und auf den Weg nach Hause.

Ingrid Uebe lebt in Köln. Sie ist „gelernte" Journalistin. Seit 1977 wurden von ihr mehr als 50 Kinder- und Jugendbücher veröffentlicht. Für den „Blauen Raben" schreibt sie auch Geschichten von „Mimi" und vom „Kicherschwein".

Helga Spieß, 1940 in Oldenburg geboren, lebt in Frankfurt. Sie studierte Grafik in Bremen und an der Hochschule für Gestaltung in Offenbach. Sie hat alle „Brüllbär"-Bücher illustriert.